지도탐험대

지도탐험대

우리 마을 지도를 그리자

한미화 글 박지훈 그림

다산기획

뽕택이는 강화도 넙성리에 살아요.
강화도는 인천광역시에서 가장 큰 섬이에요.
바다에서 찬 바람이 불어오기 때문에
강화에는 봄이 천천히 오는 것 같아요.
하지만 학교로 가는 길은 하루가 새로워요.
들판 양지바른 곳에는 어느새 할미꽃이 피었고요,
교문 안쪽 느티나무에는 새잎이 났어요.

선생님이 강화도 지도를 칠판에 걸어요.
"우리 고장의 모습이 한눈에 보이지?"
"애걔, 너무 작아요." 아이들이 소리쳐요.
지도는 우리가 사는 곳을 줄여서 작게 보여 줘요.
실제보다 얼마나 줄였는지 나타내는 것을 축척이라고 해요.
1/25,000 축척 지도라면, 25,000센티미터의 거리를
1센티미터로 줄여서 나타냈다는 뜻이에요.
"이건 뭘까?" 선생님이 지도에서 숫자 4처럼 생긴 기호를 가리켜요.
동서남북 네 방향을 알려 주는 방위 표시예요.
축척과 방위를 알아야 지도를 읽을 수 있어요.
"자, 오늘 숙제는 그림지도 그리기다!"
선생님 말이 떨어지자마자 아이들이 모둠을 만들어요.

뽕택이네 모둠은 학교의 동쪽 지역을 그리기로 했어요.
축구를 좋아하는 재승이, 장난꾸러기 원태,
반장 민호, 딱지 잘 치는 성우, 수다쟁이 효빈이,
착한 지연이가 같은 모둠이에요.
"시간 없으니까 학교 주변만 그리자." 효빈이가 말해요.
"겨우? 광성보까지는 가야지!" 민호가 맘대로 결정해요.
"그럼, 조 이름은?" 저마다 한마디씩 웅성거려요.
"음……, 동쪽 탐험대 어때?" 가만히 듣고 있던 뽕택이가 말해요.
"좋아, 동쪽 탐험대로 결정!" 아이들이 손뼉을 쳐요.
벌써 탐험을 떠난 것 같아요.

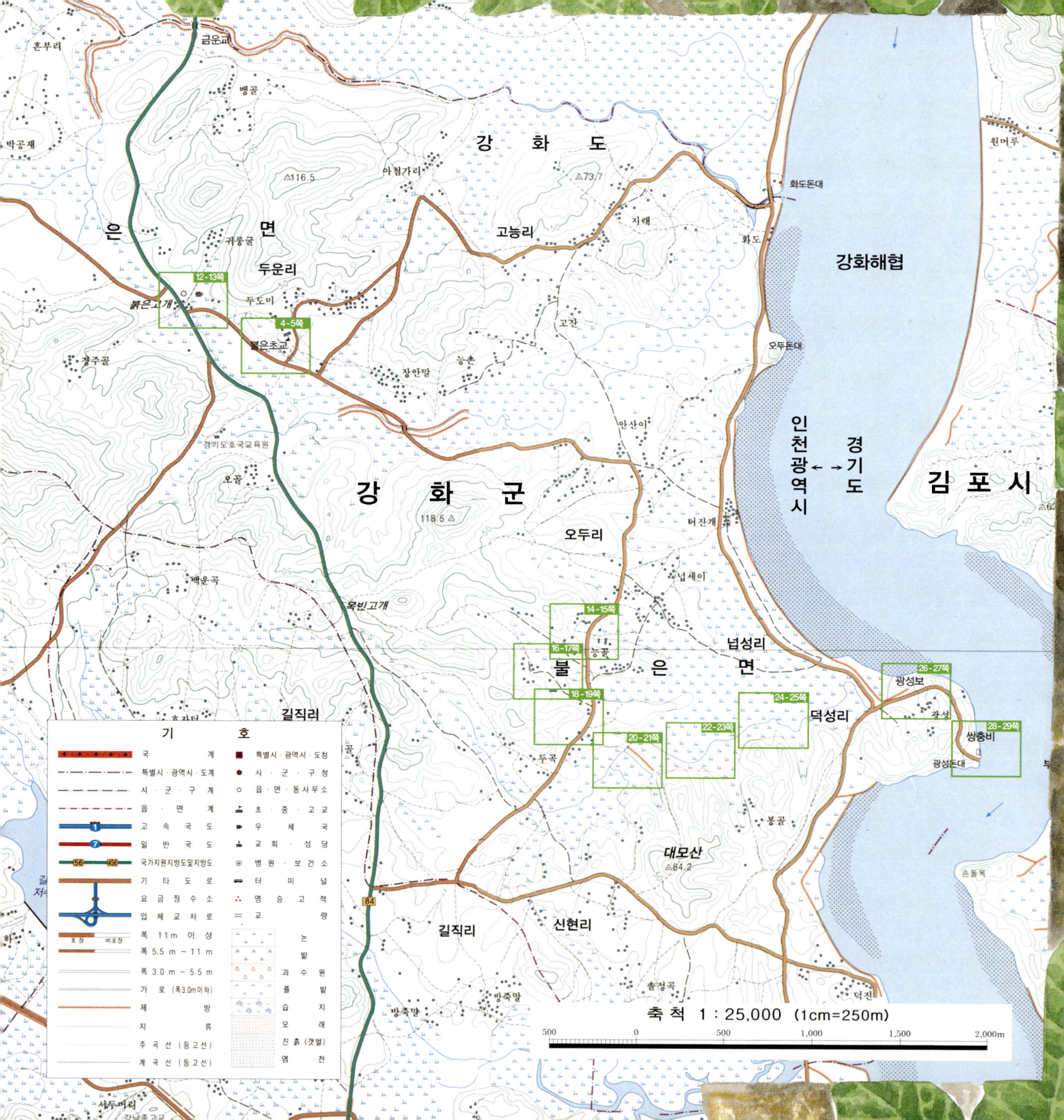

동쪽 탐험대는
먼저 학교 근처의 읍내를 그리고 나서
학교 버스를 타고 능골로 갈 거예요.
거기서 광성보까지 걸어가며
그림지도를 완성할 거예요.
"지도에서는 가까운데?"
"맞아, 금방이야."
"누가 제일 먼저 가나 내기할래?"
"좋아. 왕딱지 내기야."
"빨리 가자!"
"지도부터 챙겨."
아이들이 쉬지 않고 종알거려요.

읍내에는 면사무소와 보건소, 파출소와 우체국 등이 있어요.
"면사무소는 내가 그릴래!"
"보건소는 내가!"
"그럼 우체국은 내 거야!" 아이들이 서로 지도를 그리겠대요.

지도에서는 건물이나 지형을 간략하게 나타내요.
실제 모양을 본뜨거나 서로 약속한 기호를 사용하지요.
○는 면사무소를, ⊕는 병원이나 보건소를 나타내는 기호예요.
🐦는 우체국 표시예요. 좋은 소식을 전하는 제비를 본떴대요.

학교 버스가 능골에 도착했어요.
강화에는 논과 밭이 많아요. 특히 강화 인삼이 유명해요.
인삼은 그늘지고 물이 잘 빠지는 곳에서 잘 자라요.
그래서 인삼밭엔 짚이나 검은 천으로 그늘막을 만들어 주어요.
재승이가 지도에 탐스러운 인삼 뿌리를 그려 넣어요.
인삼밭 앞에서 지연이 동생이 엄마 뒤를 졸졸 따라다니다가
지연이를 보자 와락 달려들어요. "언니~, 나랑 놀자."
"지연아, 동생 좀 봐줘라!" 일손이 바쁜 지연이 엄마도 거드네요.
지연이는 아쉽지만 동생을 챙기기로 했어요.
"동생이랑 놀아야겠어. 얘들아, 미안."

인삼밭과 이미 수북하게 자란 쑥밭을 지나
언덕에 오르자 학교가 보여요.
신성초등학교는 예전에 능골이나 두곡에 사는 아이들이 다녔지만,
지금은 학생 수가 줄어 문을 닫았어요.
효빈이가 깃발이 펄럭이는 학교 기호를 지도에 그려 넣어요.
"민호야, 축구 하자!" 운동장에서 혼자 공을 차던 형이 소리쳐요.
"안 돼, 지금 바빠. 그림지도 그려야 해."
"한 명은 빠져도 되잖아."
그러자 축구를 좋아하는 재승이가 나서요.
"나, 공 차러 간다! 내 몫까지 부탁해. 애들아, 미안!"

재승이랑 헤어진 아이들이 신현리로 걸어 내려왔어요.
경로당 뒤로 돌아가면 배 과수원이 있어요.
강화는 볕이 좋아서 배가 달게 익어요.
원태가 탐스럽게 익은 배를 지도에 그려 넣어요.
경로당 앞에서 효빈이 할머니를 만났어요.
"효빈아, 이제 오냐?"
"할머니! 많이 기다렸죠?"
"어서 장에 가자. 앞장서거라."
효빈이가 할머니 손을 꼭 잡고 말해요.
"할머니랑 시장에 가기로 했어. 얘들아, 미안!"

경로당 앞길을 건너 농삿길로 내려가요.
지난 가을 벼를 베고 남은 밑동이 드러난 논,
트랙터로 갈아엎은 논,
물이 괴어 찰랑거리는 무논도 있어요.
아이들이 농삿길을 따라가며 장난을 쳐요.
원태가 앞서 뛰다 그만 무논에 발이 쑥 빠져요.
"괜찮아? 진흙투성이잖아!" 아이들이 걱정해요.
"다 젖었어." 원태가 울먹거려요.
"감기 걸리겠네. 집에 가는 게 좋겠어."
아이들이 등을 떠밀자 원태가 집으로 돌아가요.
"다음엔 꼭 같이 갈게. 얘들아, 미안!"

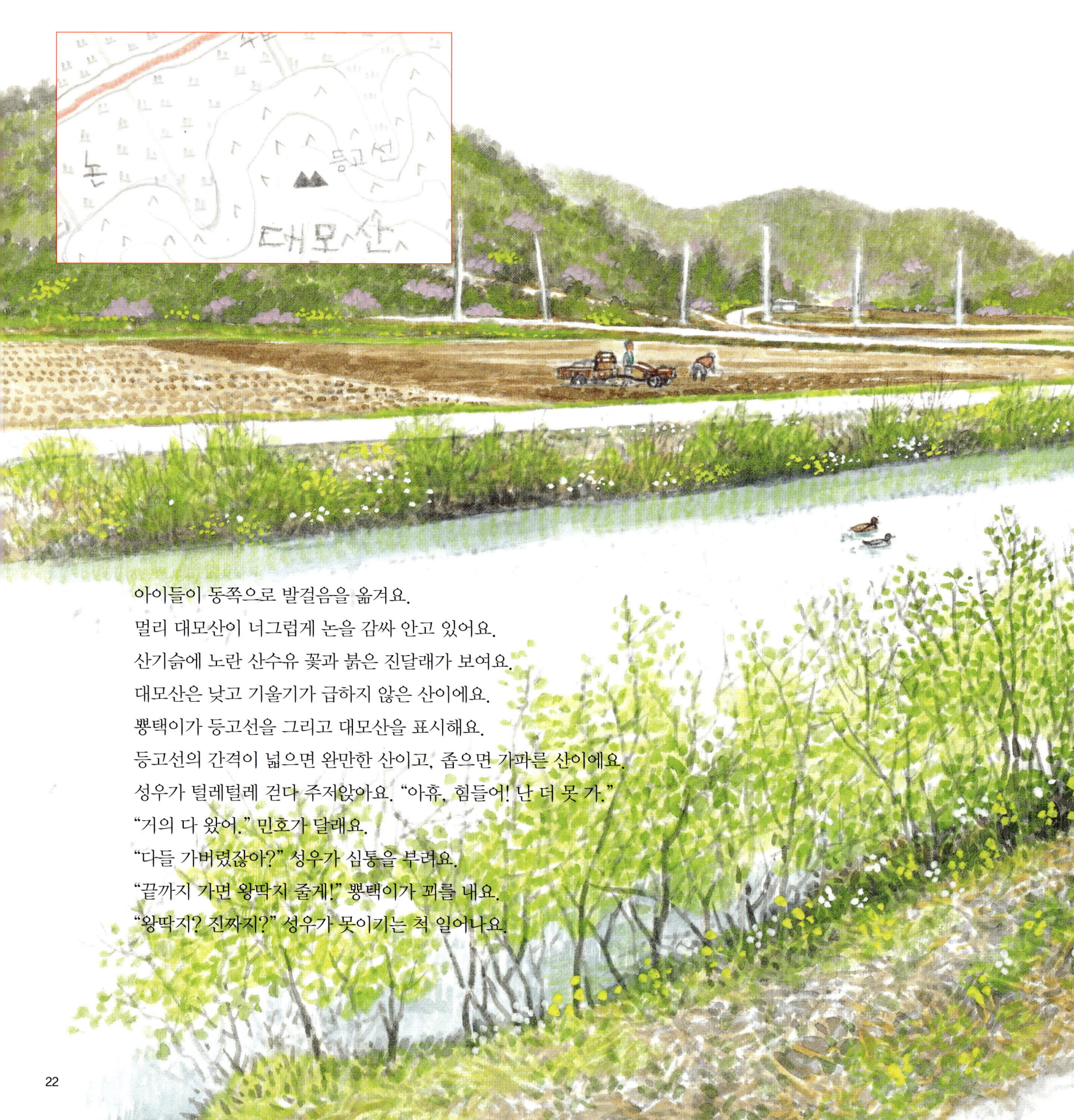

아이들이 동쪽으로 발걸음을 옮겨요.
멀리 대모산이 너그럽게 논을 감싸 안고 있어요.
산기슭에 노란 산수유 꽃과 붉은 진달래가 보여요.
대모산은 낮고 기울기가 급하지 않은 산이에요.
뽕택이가 등고선을 그리고 대모산을 표시해요.
등고선의 간격이 넓으면 완만한 산이고, 좁으면 가파른 산이에요.
성우가 털레털레 걷다 주저앉아요. "아휴, 힘들어! 난 더 못 가."
"거의 다 왔어." 민호가 달래요.
"다들 가버렸잖아?" 성우가 심통을 부려요.
"끝까지 가면 왕딱지 줄게!" 뽕택이가 꾀를 내요.
"왕딱지? 진짜지?" 성우가 못이기는 척 일어나요.

수로를 따라 논이 끝없이 펼쳐져요.
백로며 논병아리들이 먹이를 찾고 있어요.
논두렁에는 말냉이 흰꽃이 무리 지어 피었어요.
아직 광성보는 보이지 않아요. 한참 더 가야 해요.
뽕택이는 다리에 힘이 빠졌고, 성우랑 민호는 목이 말라요.
이제 그만 집에 가고 싶어요.
그때 경운기가 털털거리며 다가와요.
민호가 손을 흔들며 아저씨를 불러요.
"아저씨, 저희 좀 태워 주세요!"
"어디 가는데?"
"광성보에 가요!"
"광성보? 집이 그 근처냐?"
"아니요. 숙제 때문에요."
아저씨가 아이들을 경운기에 태워요.
경운기를 타니 살 것 같아요.
다시 기운도 나고요.
신나서 낚시하는 아저씨한테 손을 흔들어요.

"다 왔다. 내려라."
광성보 입구에서 아저씨가 경운기를 세워요.
"고맙습니다."
아이들이 합창하듯 인사해요.
민호가 그림지도에 광성보 성문을 커다랗게 그려 넣어요.
지도가 없었다면 광성보까지 찾아오지 못했을 거예요.
지도는 어디에 무엇이 있는지 알려 주는 소중한 도우미예요.

광성보 성문으로 들어가 용두돈대까지 가요.
용두돈대는 강화해협 쪽으로 용머리처럼 튀어나온 곳에 있어요.
용두돈대에 서면 바다가 양쪽으로 시원하게 보이고,
건너편 김포 땅도 손에 잡힐 듯 가까워요.
강화와 김포 사이의 바다를 강화해협이라고 불러요.
폭이 좁고 물살이 빠른 게 마치 강 같아서 소금강이라고도 해요.
"야, 빨리 와." 제일 먼저 용두돈대에 도착한 성우가 으스대요.
"드디어 다 왔다!" 민호와 뽕택이가 마주 보며 웃어요.
"동쪽 탐험대, 만세!" 아이들이 소리쳐요.
이제 지도만 있으면 어디든 갈 수 있어요!

지도를 읽어 볼까요?

지도는 늘 우리 곁에 있습니다

지도를 이용하면 우리 고장의 모습을 한눈에 볼 수 있고, 장소나 건물도 쉽게 찾아갈 수 있습니다. 이렇듯 지도는 아주 유용합니다. 여행할 때나 군사 작전 같은 특별한 경우에 더 필요할 거 같지만 실은 일상생활에서 늘 사용합니다. 자동차를 운전할 때는 내비게이션이라는 지도 프로그램을 사용합니다. 지하철을 타고 이동할 때는 지하철 노선도를 보고 목적지까지 갈 수 있습니다. 백화점에도 층마다 어떤 상점들이 있는지 안내하는 안내 지도가 있습니다. 경주나 부여를 소개하는 관광 지도는 여러 유적들이 어디에 있는지를 알려 줍니다. 지도는 이처럼 우리 곁에 아주 가까이 있습니다. 세상은 지도로 나타낼 수 있고, 지도를 본다는 건 세상을 읽는다는 뜻입니다.

지도는 여러 종류가 있습니다

지도는 목적에 맞는 정보를 정확하게 표시하기 위해 쓰임새에 따라 그 모습이 다릅니다. 지명, 강과 평야, 도로와 행정 경계, 땅의 높낮이 등을 기호로 나타낸 지도는 일반도라고 합니다. 반면 교통 지도나 관광 지도처럼 특정 주제나 목적에 맞게 그린 지도는 주제도라고 합니다.

주제도는 목적에 따라 그 종류가 무척 다양합니다. 행정도, 지형도, 기후도, 도로지도, 해도, 인구분포도, 산업지도 등이 모두 주제도에 속합니다. 그 중 몇 가지를 살펴보면 행정도는 나라와 지역의 경계를 표시하고, 도시의 위치와 이름을 나타낸 지도입니다. 지형도는 땅의 생김새와 마을, 논과 밭 등을 자세히 그린 지도입니다. 도로지도는 선의 모양, 색깔, 도로 번호 등을 표시해 고속도로, 국도, 지방도 등을 나타낸 지도입니다.

지도는 땅뿐 아니라 바다의 생김새도 나타내는데, 이를 해도라고 합니다. 해도는 물의 깊이, 바닷가의 지형, 암초의 위치 등을 자세하게 보여 주며, 항해사들은 이 해도를 보며 안전하게 항해합니다.

우리 고장의 모습을 그림지도로 그려봐요

지도를 이용하면 우리 고장의 모습을 한눈에 알 수 있습니다. 방위를 정하고 지도 기호를 이용해 고장의 모습을 지도로 그릴 수 있습니다.

1 방위를 정하고 종이 위에 방위표를 그립니다. 보통 종이 위쪽을 북쪽으로 정합니다. 큰 길, 산과 강 등을 그려 마을의 윤곽을 잡습니다.
2 큰 길을 따라 작은 길을 그리고 동서남북에 위치한 주요 건물을 그립니다.
3 그림 기호나 지도 기호를 이용해 학교, 집, 공장, 우체국, 경찰서, 면사무소 등 작은 건물을 그려 넣습니다.
4 색을 칠하고 글씨를 써 넣습니다.
5 내가 그린 그림지도와 실제 우리 고장지도와 비교해 봅니다.

강화군의 관광 안내 지도예요.

강화군의 일반도입니다. 행정구역 이름과 도로, 강과 평야, 등고선 등이 기호로 표시되어 있습니다. 옆에 있는 기호표를 참고하여 논이나 밭을 나타내는 기호, 광역시·도계 등의 기호를 찾아볼 수 있습니다.

지도는 약속입니다

지도는 우리가 사는 땅의 생김새를 일정한 비율로 줄여 평면에 나타낸 그림입니다. 사람들은 크고 넓은 지구 표면을 지도에 간단하게 줄여 표시하기 위해 몇 가지 약속된 기호를 사용합니다. 가장 기본이 되는 약속은 축척과 방위, 등고선, 지도 기호 등입니다.

축척

어떤 지역을 실제보다 얼마만큼 줄여서 나타냈는지, 그 비율을 알려 줍니다. 1:25,000 또는 1/25,000 축척 지도는 지도의 1센티미터가 실제로는 25,000센티미터라는 뜻입니다. 축척은 보통 선, 막대 기호, 분수 등으로 나타냅니다. 자세한 지도가 필요할 때는 대축척 지도를, 세계 지도나 우리나라 전도처럼 넓은 지역을 한눈에 볼 때는 소축척 지도를 보면 편합니다. 1:10,000이 대축척 지도라면 1:1,000,000은 소축척 지도입니다.

방위표

지도에는 동서남북 네 방향을 알려 주는 방위표가 있습니다. 보통 숫자 4처럼 생긴 기호를 쓰지만 5방위나 8방위표도 있습니다. 지도에 방위표가 없다면 위쪽은 북쪽, 아래쪽은 남쪽, 왼쪽은 서쪽, 오른쪽은 동쪽을 가리킵니다.
지구상의 위치를 나타내는 기준은 경도와 위도이며, 세계 모든 나라가 공동으로 정한 기준입니다. 경도는 동과 서를, 위도는 남과 북의 위치를 알려 줍니다. 경도의 기준은 영국 런던 근처의 그리니치 천문대입니다. 이를 기준으로 왼쪽(서쪽)은 서경, 오른쪽(동쪽)은 동경입니다. 위도의 기준은 적도인데, 적도의 북쪽은 북위, 남쪽은 남위입니다. 우리나라의 위치는 동경 124°~132°, 북위 32°~43° 입니다.

등고선

땅의 높이가 같은 지형을 연결해 놓은 선으로, 땅의 높고 낮음을 알 수 있습니다. 등고선의 간격이 좁을수록 경사가 가팔라 산에 오르기가 어렵고, 간격이 넓을수록 완만한 지형이라 오르기가 쉽습니다. 보통 녹색과 갈색으로 농도를 달리해 높이가 높고 낮음을 표시합니다. 등고선은 평균 해수면, 즉 바닷물의 높이인 해발을 기준으로 삼습니다. 그런데 바닷물의 높이는 밀물과 썰물 때가 다릅니다. 그래서 우리나라에서는 인천 앞바다의 밀물과 썰물 때의 바닷물 높이의 평균을 내서 그 평균을 0미터로 잡습니다.
백두산의 높이는 해발 2,744미터인데, 인천 앞바다의 평균 해수면을 기준으로 2,744미터만큼 높이 솟아 있다는 뜻입니다.

지도 기호

지도는 여러 형태의 지형과 시설들을 간단하게 그린 기호로 표시합니다. 실제 모양을 본뜨기도 하고, 점과 선, 색깔 등으로 미리 약속한 기호를 쓰기도 합니다. 다양한 기호를 알면 지도를 쉽게 읽을 수 있습니다.

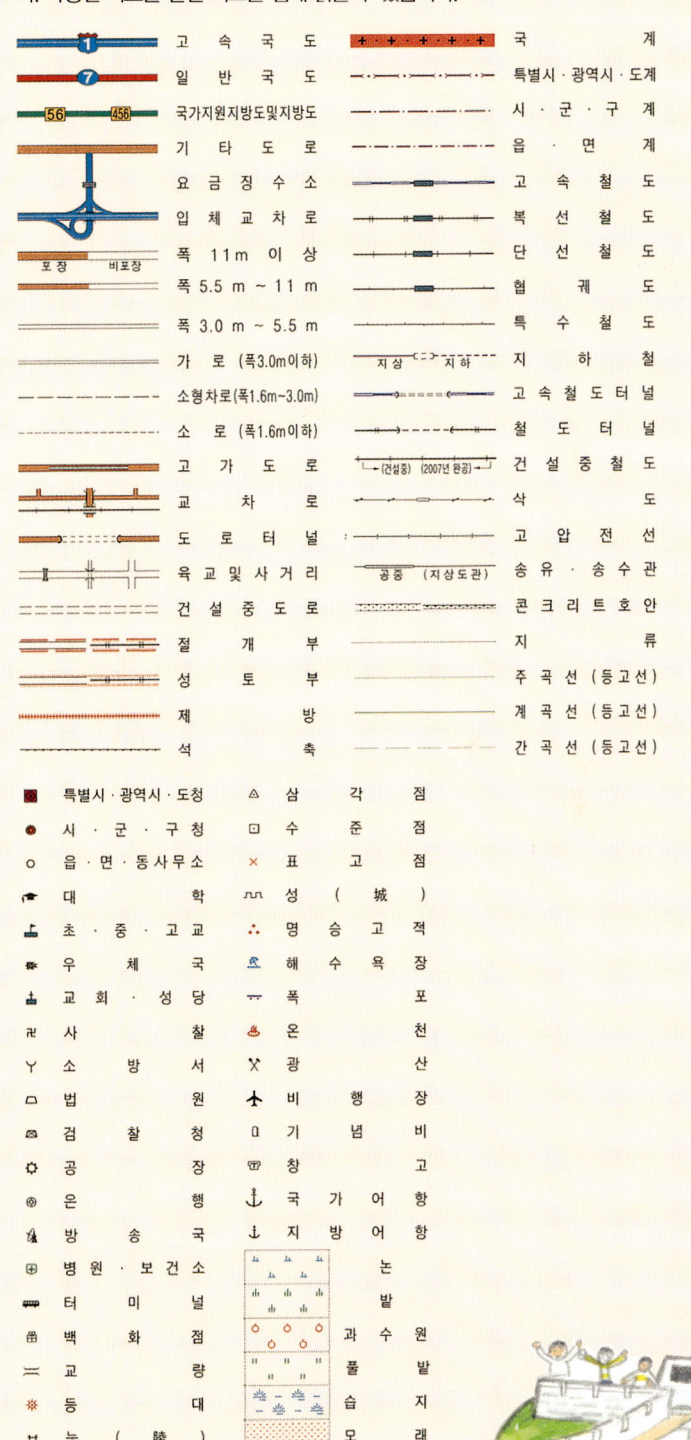

글 한미화 출판평론가이자 어린이책 평론가로 활동합니다. 일간지, 잡지, 방송, 라디오, 웹진, 포털 등 시대에 따라 변화하는 다양한 미디어에 출판과 책에 관해 글을 쓰고 있습니다. 어린이책에 관심이 많아 관련 책을 여러 권 펴냈습니다. 『그림책, 한국의 작가들』(공저), 『이토록 어여쁜 그림책』(공저)뿐 아니라 어린이를 책의 세계로 이끄는 『아홉 살 독서 수업』 그리고 그림책 『책 읽기는 게임이야』와 『지도탐험대』에 글을 썼습니다.

그림 박지훈 1971년 부산에서 태어나 제주도에서 어린 시절을 보냈습니다. 추계예술대학교에서 동양화를 전공했습니다. 아름다운 제주도의 자연 속에서 놀았던 어린 시절의 기억과 경험을 되살려 쓰고 그린 『어멍 어디 감수광?』으로 2001 출판미술대전에서 은상을 받았습니다. 그린 책으로 『고무신 기차』, 『똥덕』, 『어멍 어디 감수광?』, 『홀로 서서 가는 길』, 『나는 주워온 아이인가봐』, 『된장 잠자리』 등이 있습니다.

지도탐험대

초판 발행	2014년 4월 15일
개정판 1쇄 발행	2015년 8월 25일
개정판 2쇄 발행	2021년 8월 20일
글	한미화
그림	박지훈
디자인	박재원
펴낸이	김경희
펴낸곳	도서출판 다산기획
등록	제1993-000103호
주소	(04038) 서울 마포구 양화로 100 임오빌딩 502호
전화	02-337-0764
전송	02-337-0765
ISBN	978-89-7938-083-5 77300

ⓒ 한미화, 박지훈 2014

*이 책은 저작권법에 따라 보호받는 저작물이므로 무단전재와 무단복제를 할 수 없습니다. 책 내용의 전부 또는 일부를 이용하려면 반드시 저작권자와 다산기획의 서면동의를 받아야 합니다.
*책 속의 지도는 대한측량협회의 심사를 받았습니다. (심사필 제2013-005호 (2013년 1월 24일))
*잘못 만들어진 책은 바꿔 드립니다.